# EIER

## *– für fast alles zu haben!*

Denn mit Eiern kann man in der Küche richtig zaubern – vom Frühstücksei gekocht, gebraten oder gerührt bis hin zu Eiercurry oder feinen Soufflés. Beim Einkauf von Eiern sollte man auf den Kode für das Haltungssystem achten:
**0** steht für Ökoeier, **1** für Eier aus Freilandhaltung, **2** für welche aus Bodenhaltung und **3** für Eier aus Käfighaltung. Dann folgt der Landeskode – **DE** für Deutschland, **AT** für Österreich und **NL** für die Niederlande –, die Identifizierung des Betriebs und die Stallnummer. Die Gewichtsklassen sind in Größen eingeteilt: **S** – small, **M** – medium, **L** – large, **XL** – extra large. Für die Rezepte wurden Eier der Klasse M verwendet. Wachteleier gibt es auf Biomärkten oder in gut sortierten Lebensmittelgeschäften.
Die Frische eines Eis prüfen Sie mit dem Salzwassertest: Schwimmt das Ei oben, ist es frisch. Bewahren Sie Eier immer im Kühlschrank und getrennt von anderen Lebensmitteln auf – am besten im Eierfach. So entgehen Sie der Salmonellengefahr (Salmonellen sind Bakterien, die sich bei Wärme stark vermehren).

# DREIERLEI RÜHREI-CROSTINI

➤ **Verwandlungskünstler**

Ob zum Brunch oder zur Happyhour, Rührei-Crostini kommen immer gut an

*Basis-Zutaten für 24 Stück:*

- *24 dünne Scheiben Weißbrot (Baguette oder Ciabatta)*
- *4 EL Olivenöl*

ZUBEREITUNGSZEIT: 30 MIN.
PRO STÜCK (OHNE BELAG)
ETWA: 160 KJ/40 KCAL

1 Den Backofen auf 225° vorheizen. Die Brotscheiben auf ein Blech legen und mit Olivenöl einpinseln. Im Backofen (Mitte, Umluft 200°) in 5 Min. goldbraun rösten.

2 **Mit Räucherlachs:** 2 Räucherlachsscheiben in Streifen schneiden. 2 Frühlingszwiebeln putzen, längs halbieren und in feine Streifen schneiden. 2 Eier mit 2 EL Sahne kräftig verrühren und mit Salz und Pfeffer würzen. Lachsstreifen unterrühren. Frühlingszwiebeln in 20 g Butter andünsten. Eier über die Frühlingszwiebeln gießen und stocken lassen, dabei vom Rand zur Mitte hin etwas zusammenschieben. Lachsrührei auf 8 Brotscheiben verteilen, mit Dillzweigen und 1 Räucherlachsscheibe (in Streifen oder Würfel geschnitten) garnieren.

3 **Mit Austernpilzen:** 1 Schalotte schälen und klein würfeln. 50 g Austernpilze putzen und zerteilen. 2 Eier mit 2 EL Sahne verrühren und würzen. Schalotte und Austernpilze in 20 g Butter andünsten, Rührei darüber gießen und stocken lassen, dabei vom Rand zur Mitte hin etwas zusammenschieben. Rührei auf 8 Brotscheiben verteilen, mit Schnittlauchröllchen bestreuen.

4 **Mit Tomaten:** 1 Fleischtomate waschen, vierteln, entkernen und grob würfeln. 2 Eier mit 2 EL Sahne verrühren, mit Salz und Pfeffer würzen. 20 g Butter in der Pfanne zerlassen, Eier in die Pfanne geben, stocken lassen, dabei vom Rand zur Mitte hin etwas zusammenschieben. Rührei auf 8 Brotscheiben verteilen. Mit Tomatenwürfeln, Pinienkernen und Basilikum bestreuen.

**! VARIANTEN:**
Rührei auf den Crostini verteilen und frische schwarze Trüffel darüber hobeln.
Rührei-Crostini mit Keta-Kaviar oder Forellenkaviar und frischen Kressesprossen garnieren.
Rührei-Crostini mit Rucola und gehobeltem Parmesan bestreuen.

## EIERTÖPFCHEN

➤ very british

*Zutaten für 4 Personen:*

- *1 TL zerlassene Butter*
- *2 Frühlingszwiebeln*
- *1 TL gehackte Petersilie*
- *Salz • Pfeffer*
- *4 Eier*
- *1–2 TL geriebener Parmesan*

ZUBEREITUNGSZEIT: 15 MIN.
PRO PORTION ETWA: 420 KJ/100 KCAL

1 4 Auflaufförmchen oder Tassen mit zerlassener Butter bestreichen. Frühlingszwiebeln putzen, waschen und ganz fein hacken. Mit gehackter Petersilie, etwas Salz und Pfeffer vermischen.

2 Jeweils 1 aufgeschlagenes Ei vorsichtig in die Förmchen gleiten lassen. Frühlingszwiebelgemisch und Parmesan auf das Eiweiß streuen.

3 In einem Topf Wasser zum Kochen bringen. Die Förmchen hineinstellen und die Eier zugedeckt bei geringer Hitze in 6–8 Min. stocken lassen. Herausnehmen und warm servieren.

## OMELETT

➤ schnell

*Zutaten für 1 Omelett:*

- *Grundrezept:*
- *4 Eier*
- *2 EL Sahne oder Milch*
- *1 Prise Salz*
- *1 TL Butter*

ZUBEREITUNGSZEIT: 10 MIN.
PRO PORTION ETWA: 1540 KJ/370 KCAL

1 Die Eier mit Sahne oder Milch mit einer Gabel verrühren, bis Eigelb und Eiweiß gut vermischt sind, und mit Salz würzen. Die Butter in einer beschichteten Pfanne zerlassen. Die Eier hineingießen und bei mittlerer Hitze ohne Rühren stocken lassen. Das Omelett mit Hilfe eines Spatels zusammenklappen und auf eine Platte oder einen Teller gleiten lassen.

2 Sie können 1 Hand voll kleingeschnittene Sauerampferblätter oder 1 EL fein gehackte Kräuter unter die Omelettmasse ziehen.

3 Oder das fertige Omelett mit 30 g grob zerdrücktem Gorgonzola belegen und zusammenklappen.

# EIER-KRABBEN-KÖRBCHEN

➤ **für Gäste**

Ein wahres Verwöhnprogramm für Auge und Gaumen

<u>*Zutaten für 6 Stück:*</u>

- *75 g Butter*
- *3 dünne Teigblätter (Yufka- oder Filloteig)*
- *1 kleines Bund Petersilie*
- *4 Eier*
- *4 EL Sahne*
- *1 EL Öl*
- *Salz • Pfeffer*
- *100 g Krabben*
- *1 TL Zitronensaft*
- *Außerdem:*
- *Muffinform mit 6 Vertiefungen (ersatzweise 6 feuerfeste Auflaufförmchen)*

ZUBEREITUNGSZEIT: 45 MIN.
PRO PORTION ETWA: 865 KJ/200 KCAL

1 Den Backofen auf 200° vorheizen. Die Butter schmelzen und die Förmchen damit gut einfetten.

2 Filloteigblätter dünn mit Butter bestreichen und aufeinander legen. Den Teig in 6 gleich große Quadrate (10 x 10 cm) schneiden. Die Teigstücke so in die Förmchen drücken, dass Körbchen entstehen. Im Ofen (Mitte, Umluft 180°) in 5 –7 Min. goldbraun backen. Herausnehmen und nach dem Abkühlen die Körbchen vorsichtig herauslösen.

3 Petersilie waschen, trockenschütteln und fein hacken. Die Eier mit Sahne kräftig verrühren. Restliche Butter mit Öl in einer Pfanne erhitzen. Eier in die Pfanne geben und stocken lassen, dabei mit einem Holzlöffel das Ei vom Rand zur Mitte schieben. Mit Salz und Pfeffer würzen.

4 Krabben mit Zitronensaft und Petersilie vermischen. Rührei in die Körbchen füllen und die Krabben darauf verteilen.

! **VARIANTE:** 1 fein gehackte Chilischote, je 1 Prise Currypulver, Cumin und Kurkuma unter die Eier rühren, in der Pfanne stocken lassen und in die Teigkörbchen füllen.

# EIERSALAT

➤ Klassiker

*Zutaten für 4 Personen:*

- *6 hart gekochte Eier*
- *1 Dose Mandarinen (Abtropfgewicht 175 g)*
- *1 Bund Schnittlauch*
- *2 EL Mayonnaise*
- *1 EL Chilisauce (Fertigprodukt)*
- *150 g Crème fraîche*
- *Chilipulver*
- *Salz • weißer Pfeffer*
- *einige Salatblätter*

ZUBEREITUNGSZEIT: 15 MIN.
PRO PORTION ETWA: 1315 KJ/315 KCAL

1 Die Eier schälen und in 1 cm dicke Scheiben schneiden. Mandarinen auf einem Sieb abtropfen lassen, 2 EL Saft beiseite stellen. Schnittlauch waschen, trockenschütteln und in feine Ringe schneiden.

2 Mayonnaise mit Chilisauce, Crème fraîche und Mandarinensaft kräftig verrühren. Mit Chilipulver, Salz und Pfeffer würzen. Eierscheiben und Mandarinen mit der Salatcreme vermischen.

3 Salatblätter waschen, trockenschleudern und grob zerpflücken. Eiersalat darauf anrichten und mit Schnittlauch bestreuen.

# SOLEIER MIT KRÄUTERVINAIGRETTE

➤ schnell

*Zutaten für 4 Personen:*

- *6 Soleier (siehe S. 21)*
- *1 Bund Radieschen*
- *1 Kästchen Kresse*
- ***Für das Dressing:***
- *1/2 TL Senf*
- *2 EL Weißweinessig*
- *Salz • Pfeffer*
- *4 EL Öl*
- *1 EL gehackte Kräuter*
- *1 EL Kapern*

ZUBEREITUNGSZEIT: 10 MIN.
PRO PORTION ETWA: 910 KJ/220 KCAL

1 Die Eier schälen und halbieren. Radieschen putzen, waschen und achteln. Die Kresse mit der Schere abschneiden.

2 Für das Dressing Senf, Essig, Salz und Pfeffer verrühren. Das Öl unterschlagen. Die Sauce mit gehackten Kräutern und Kapern vermischen.

3 Eier, Radieschen und Kresse auf Salattellern verteilen. Die Vinaigrette darüber gießen. Dazu schmeckt Roggenbaguette.

## WACHTELEIER IM GLAS

➤ **außergewöhnlich**

*Zutaten für 4 Personen:*

- *8 Wachteleier*
- *2 Frühlingszwiebeln*
- *2 Möhren*
- *1 EL eingelegter Ingwer (aus dem Glas)*
- *1 EL Sesam- oder Sonnenblumenöl*
- *2 EL helle Sojasauce*
- *1 TL Reisessig (ersatzweise Weißweinessig)*

ZUBEREITUNGSZEIT: 15 MIN.
PRO PORTION ETWA: 550 KJ/130 KCAL

1 Die Wachteleier in kochendem Wasser 5 Min. kochen, kalt abschrecken und schälen. Frühlingszwiebeln putzen, waschen, längs halbieren und in 3 cm lange Stücke schneiden. Stücke längs in Streifen schneiden. Möhren waschen, schälen, halbieren und längs in Streifen hobeln. Eingelegten Ingwer in Streifen schneiden.

2 Öl erhitzen, Möhren und Frühlingszwiebeln darin andünsten. Mit Sojasauce und Reisessig würzen. Die Hälfte der Ingwerstreifen unterrühren. Gemüse mit je 2 Wachteleiern in die Gläser füllen und mit Ingwerstreifen bestreuen.

## EIER IM GLAS MIT RADIESCHEN

➤ **würzig**

*Zutaten für 4 Personen:*

- *1 Schalotte*
- *6 Radieschen*
- *1 Kästchen Kresse*
- *2 EL Apfelessig*
- *2 EL Sonnenblumenöl*
- *Salz • Pfeffer*
- *1 Bund Schnittlauch*
- *8 Eier*

ZUBEREITUNGSZEIT: 15 MIN.
PRO PORTION ETWA: 880 KJ/210 KCAL

1 Die Schalotte schälen und fein würfeln. Radieschen waschen und in feine Stifte schneiden. Kresse mit der Schere abschneiden und zu den Radieschen geben. Schalottenwürfel mit Essig und Öl verrühren. Kresse und Radieschen unterrühren. Mit Salz und Pfeffer würzen. Schnittlauch waschen, fein schneiden und mit der Vinaigrette verrühren.

2 Die Eier 4–5 Min. kochen, kalt abschrecken und schälen. Je 2 Eier in ein Glas geben. Die Radieschenvinaigrette über den Eiern verteilen.

# FRÜHLINGSSALAT MIT POCHIERTEN EIERN

➤ **für Gäste**

Der Frühling ist da ...
und die Gäste können kommen

*Zutaten für 4 Personen:*

- *250 g Zuckerschoten*
- *2 EL Essig*
- *250 g Kirschtomaten*
- *100 g Rucola oder Brunnenkresse*
- *6 Artischockenherzen*
- *4 Eier*
- ***Für das Dressing:***
- *1/2 TL Senf*
- *2 EL Weißweinessig*
- *Salz • weißer Pfeffer*
- *3 EL Olivenöl*
- *1 EL gehackte Kräuter (Basilikum, Melisse)*

ZUBEREITUNGSZEIT: 45 MIN.
PRO PORTION ETWA: 985 KJ/235 KCAL

1 Die Enden der Zuckerschoten abschneiden. Zuckerschoten quer halbieren und waschen. Wasser mit 1 TL Essig zum Kochen bringen, Zuckerschoten darin etwa 5 Min. blanchieren und kalt abschrecken. Tomaten waschen und halbieren. Rucola putzen, waschen und trockenschleudern. Artischockenherzen halbieren oder vierteln.

2 Für das Dressing Senf mit Weißweinessig, Salz und Pfeffer verrühren, das Olivenöl unterschlagen.

3 Wasser mit Salz und restlichem Essig zum Kochen bringen, nacheinander die Eier aufschlagen und in das siedende Wasser gleiten lassen. Sobald das Eiweiß weiß und fest ist, die Eier mit einem Schaumlöffel herausheben.

4 Die Salatzutaten mit dem Dressing vermischen und auf Salattellern verteilen. Jeweils 1 pochiertes Ei darauf geben. Die gehackten Kräuter über den Salat streuen.

**TIPP:** 2 Scheiben Toastbrot klein würfeln und in 3 TL Olivenöl knusprig braun braten. Brotwürfel über den Salat streuen.

# FLORENTINER EIER

➤ italienisch

Diesen Spinat-Eier-Auflauf lieben nicht nur Italiener

*Zutaten für 4 Personen:*

- *1 kg frischer Blattspinat*
- *2 Schalotten*
- *1 Knoblauchzehe*
- *4 EL Olivenöl*
- *Salz*
- *1 Prise Muskatnuss, frisch gerieben*
- *100 g Sahne*
- *75 g frisch geriebener Parmesan*
- *8 Eier*

ZUBEREITUNGSZEIT: 30 MIN.
BACKZEIT: 10 MIN.
PRO STÜCK ETWA: 1700 KJ/400 KCAL

1 Den Spinat putzen, waschen und auf einem Sieb abtropfen lassen. Schalotten und Knoblauch schälen und klein würfeln.

2 Den Backofen auf 200° vorheizen. Eine flache Auflaufform oder 4 Förmchen mit 1 EL Olivenöl bestreichen. Restliches Öl in einer Pfanne erhitzen. Schalotten- und Knoblauchwürfel darin glasig dünsten. Spinat hinzufügen und zugedeckt bei geringer Hitze zusammenfallen lassen. Mit Salz und Muskat würzen. Die Sahne und die Hälfte des geriebenen Parmesans untermischen.

3 Den Spinat in die Auflaufform geben. 8 Vertiefungen in den Spinat drücken und in jede Vertiefung 1 aufgeschlagenes Ei geben. Ei und Spinat mit dem restlichen Parmesan bestreuen. Im Backofen (Mitte, Umluft 180°) 10 Min. überbacken, bis das Eiweiß fest ist. Florentiner Eier aus dem Ofen nehmen und heiß servieren. Wer mag, streut noch geröstete Pinienkerne darüber. Dazu passen Baguette oder Pellkartoffeln.

! **VARIANTE:** Mit Wachteleiern: 8 Auflaufförmchen mit Olivenöl einfetten. Spinat in den Förmchen verteilen. In die Mitte eine Mulde drücken und jeweils 1 Wachtelei in die Mulden schlagen. Mit Parmesan bestreuen. Im Ofen bei 200° (Mitte, Umluft 180°) 10 Min. überbacken.

## Eier kochen

1 Die Kochzeiten für Hühnereier der Größe M:

| | |
|---|---|
| weiches Ei: | ca. 4 Min., |
| wachsweiches Ei: | 5–6 Min., |
| hart gekochtes Ei: | 8–10 Min. |

2 Die Eier vor dem Kochen an der stumpfen Seite mit einer dünnen Nadel anpieken (damit sie nicht platzen). Eier vorsichtig in kochendes Wasser geben. Nach dem Kochen kalt abschrecken.

## Rühreier

1 3 Eier in eine Schüssel aufschlagen und mit einer Gabel verrühren, bis Eigelb und Eiweiß gut vermischt sind. Nicht schaumig schlagen. Salzen und pfeffern. 1TL Butter in einer Pfanne zerlassen.

2 Die Eier hineingeben. Sobald die Eiermasse zu stocken beginnt, mit einem Holzlöffel zusammenschieben. Herausnehmen, wenn die gesamte Eiermasse gestockt ist.

## Eierstich

1/4 l Milch mit 4 Eiern und 1/4 TL Salz verrühren. Die Masse in einen Gefrierbeutel füllen, luftdicht verschließen und in siedendem Wasser (nicht kochen lassen) in etwa 25 Min. fest werden lassen.

Die gestockte Eiermasse im Gefrierbeutel abkühlen lassen. Den Gefrierbeutel aufschneiden. Den Eierstich herausnehmen und mit einem scharfen Messer in beliebige Formen oder Würfel schneiden.

## Spiegelei

1 1 TL neutrales Öl oder Butter in einer beschichteten Pfanne erhitzen. Das Ei vorsichtig am Pfannenrand aufschlagen und in die Pfanne gleiten lassen. Das Eigelb nicht verletzen.

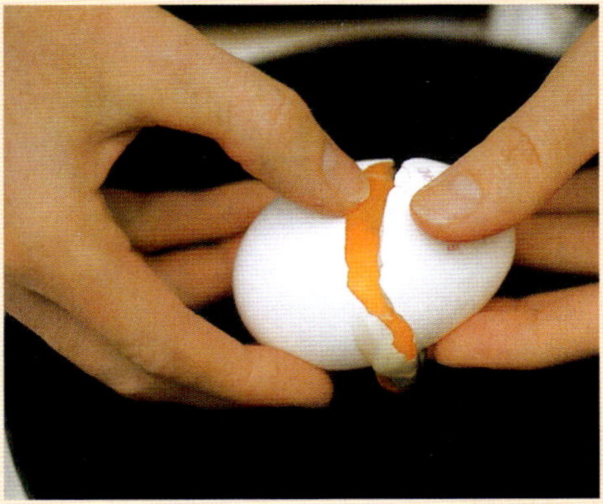

2 Spiegelei bei mittlerer Hitze etwa 2 Min. braten, bis das Eiweiß stockt, d.h. ganz weiß ist und der äußere Rand leicht gebräunt ist. Nur das Eiweiß mit Salz und Pfeffer würzen.

## Mayonnaise

2 ganz frische Eigelbe • 1 Prise Salz • 1/2 TL Senf • 1 TL Zitronensaft • 1/4 l Sonnenblumenöl oder Olivenöl • Pfeffer

Die Eigelbe mit Salz, Senf und Zitronensaft in eine Schüssel geben und mit den Quirlen des Handrührgerätes schaumig schlagen. Einige Tropfen Öl dazugeben und kräftig unterschlagen, danach das Öl in einem dünnen Strahl unter ständigem Rühren hinzufügen. Rühren, bis eine dickliche Creme entsteht und mit Salz und Pfeffer abschmecken. Wer's würziger mag, kann sie mit gepresstem Knoblauch oder frisch gehackten Kräutern aromatisieren. Hält sich im Kühlschrank 3–4 Tage.

## Eierlikör

5 ganz frische Eigelbe • 100 g Puderzucker • 125 g Sahne • 1/4 l Cognac

Für das Wasserbad einen Topf zur Hälfte mit Wasser füllen und zum Sieden bringen. Die Eigelbe mit Puderzucker in eine Schüssel geben und verrühren. Die Sahne unterrühren und über dem heißen Wasserbad dickcremig aufschlagen. Cognac nach und nach in die Eiercreme rühren und diese unter Rühren abkühlen lassen. Den Eierlikör mit Hilfe eines Trichters in eine schöne Glasflasche füllen. Den fertigen Eierlikör sollten Sie kühl und dunkel aufbewahren. So ist er etwa 1 Woche haltbar.

## Soleier

2 Zwiebeln • 1 EL Meersalz • 8 hart gekochte Eier • 2 Lorbeerblätter • 1 TL schwarze Pfefferkörner

Die Zwiebeln samt Schalen vierteln. In einem großen Topf etwa 1 1/2 l Wasser mit Zwiebeln und Meersalz aufkochen. Die Schale von den Eiern rundum leicht anknicken und die Eier mit Lorbeerblättern und Pfefferkörnern in ein Glas schichten. Den Zwiebelsud durch ein Sieb geben und die Eier damit bedecken. Die Soleier mindestens 2 Tage durchziehen lassen. Gut schmecken dazu Kräutervinaigrette (Seite 10) und Baguette.

## Setzeier für zwei

2 EL Olivenöl • 1/2 TL Oregano • 1 Päckchen stückige Tomaten mit Kräutern • 4 Wachteleier oder 2 Hühnereier • 2 TL Sahne • 2 TL geriebener Parmesan

Olivenöl mit Oregano erwärmen, Tomaten hinzufügen und kurz dünsten. Tomatengemüse in zwei feuerfeste Pfännchen geben. Jeweils 2 Wachteleier vorsichtig aufschlagen und in die Mitte setzen. Jeweils mit 1 TL Sahne begießen und mit 1 TL Parmesan bestreuen. Im Backofen bei 175° 15 Min. backen. Die Setzeier mit frischen Kräutern und Baguette servieren.

# EIER-CURRY

➤ **indisch**

Raffiniertes, exotisch gewürztes Eiergericht

*Zutaten für 4 Personen:*

- *8 Eier*
- *2 Zwiebeln*
- *1 Knoblauchzehe*
- *1 nussgroßes Stück frischer Ingwer*
- *1 frische grüne Pfefferschote*
- *3 EL Sonnenblumenöl*
- *1/2 TL Cumin*
- *1/2 TL Kurkuma*
- *50 g Sahne*
- *1 Dose Tomaten in Stücken (425 g)*
- *1 EL Tomatenmark*
- *1 TL Garam-Masala-Pulver*
- *1/2 TL Cayennepfeffer • Salz*
- *3 Stängel Koriandergrün (ersatzweise glatte Petersilie)*

ZUBEREITUNGSZEIT: 25 MIN.
PRO PORTION ETWA: 1220 KJ/290 KCAL

1 Die Eier 8 Min. kochen und unter kaltem Wasser abschrecken. Abkühlen lassen und schälen.

2 Zwiebeln, Knoblauchzehe und Ingwer schälen und in kleine Würfel schneiden. Pfefferschote längs halbieren, entkernen. Die Hälften waschen und in feine Streifen schneiden.

3 Das Öl in einer Pfanne erwärmen. Cumin und Kurkuma einrühren. Zwiebelwürfel, Knoblauch, Ingwer und Pfefferschote hinzufügen und glasig dünsten. Sahne dazugeben, etwas einkochen lassen. Tomatenstücke und Tomatenmark unterrühren. 2 Min. köcheln lassen. Garam-Masala und Cayennepfeffer dazugeben. Mit Salz abschmecken.

4 Koriander waschen, trockenschütteln und die Blättchen von den Stielen zupfen. Die Eier längs halbieren, mit der Schnittseite nach oben vorsichtig in das Curry legen und darin erwärmen. Das Eier-Curry vor dem Servieren mit Korianderblättchen bestreuen. Dazu schmecken am besten Fladenbrot und herbes Bier.

# TORTILLA

➤ **schnell**

Spanisches Nationalgericht – schmeckt sowohl warm als auch kalt vom Tapas-Buffet

*Zutaten für 4 Personen:*

- *2 mittelgroße Kartoffeln (300 g)*
- *1 Zwiebel*
- *1 kleine Aubergine*
- *1 Zucchino*
- *6 EL Olivenöl*
- *Salz • Pfeffer*
- *6 Eier*

ZUBEREITUNGSZEIT: 20 MIN.
PRO PORTION ETWA: 1340 KJ/320 KCAL

1. Die Kartoffeln waschen, schälen und in 1 cm große Würfel schneiden. Die Zwiebel schälen und fein hacken. Die Aubergine und den Zucchino waschen und klein würfeln.

2. Die Hälfte des Öls in einer beschichteten Pfanne erhitzen. Kartoffeln darin weich dünsten. Zwiebel und Auberginenwürfel dazugeben und bei mittlerer Hitze dünsten. Zucchinowürfel zum Schluss unterrühren. Mit Salz und Pfeffer würzen.

3. Die Eier aufschlagen, verrühren und mit Salz und Pfeffer würzen. Die Eier über das Gemüse geben und stocken lassen. Auf einen großen Teller gleiten lassen und die Tortilla wenden. Restliches Öl in die Pfanne geben und die Tortilla von der zweiten Seite goldgelb backen.

**TIPPS:** Die Tortilla in Stücke schneiden und mit Salat servieren oder Tortilla in Würfel schneiden und als Snack zwischendurch reichen.
Sie können die Tortilla auch nur mit Kartoffeln zubereiten oder anderes Gemüse nehmen wie Artischocken, Tomaten oder Lauch.

# PFANNKUCHEN MIT GEMÜSE

➤ **vegetarisch**

Gemüse in Pfannkuchen verpackt – so schmeckt's auch Kindern

*Zutaten für 8 Pfannkuchen:*

- *150 g Mehl*
- *150 ml Milch*
- *4 Eier*
- *Salz*
- *250 g Möhren*
- *2 Zucchini*
- *2 Stangen Staudensellerie*
- *3 EL Olivenöl*
- *1 EL Gemüsebrühe*
- *weißer Pfeffer*
- *Außerdem:*
- *2–3 EL Öl oder Butter*

ZUBEREITUNGSZEIT: 45 MIN.
PRO STÜCK ETWA: 790 KJ/190 KCAL

1 Mehl mit Milch glattrühren. Die Eier unterrühren und mit Salz würzen. Den Teig 15 Min. quellen lassen.

2 Inzwischen die Möhren waschen, schälen und in streichholzdünne Streifen schneiden. Zucchini waschen und in streichholzdünne Scheiben schneiden. Staudensellerie waschen, entfädeln und in feine Scheiben schneiden.

3 Olivenöl erhitzen, Möhren und Staudensellerie darin kurz andünsten, Zucchini dazugeben und kurz mitdünsten. Mit Gemüsebrühe ablöschen und etwa 3 Min. bei schwacher Hitze ziehen lassen. Gemüse mit Salz und Pfeffer würzen.

4 Für jeden Pfannkuchen etwas Öl in einer beschichteten Pfanne erhitzen. 2–3 EL Teig in der Pfanne dünn verteilen. Von jeder Seite 1 Min. backen. Zugedeckt warm stellen. Die Pfannkuchen zu Tüten formen und mit dem Gemüse füllen.

! **TIPPS:** Besonders zart und locker werden die Pfannkuchen, wenn Sie die Hälfte der Milch durch Mineralwasser ersetzen. Sie können auch 1 TL zerlassene Butter unter den Pfannkuchenteig rühren.

# SCHAUMOMELETT MIT ERDBEEREN

➤ Klassiker

Süßes zum Sattessen –
luftig und unheimlich erdbeerig

*Zutaten für 4 kleine Omeletts:*

- *250 g Erdbeeren*
- *1 EL Erdbeersirup (ersatzweise 1 EL Orangenlikör)*
- *4 Eier*
- *1 Prise Salz*
- *90 g Zucker*
- *40 g Mehl*
- *2 EL Butter*
- *einige Minzeblättchen*

ZUBEREITUNGSZEIT: 40 MIN.
PRO PORTION ETWA: 1110 KJ/265 KCAL

1 Die Erdbeeren waschen, putzen und längs in Scheiben schneiden. Mit dem Erdbeersirup vermischen. Zugedeckt stehen lassen.

2 Die Eier trennen (siehe Seite 32). Eiweiße mit Salz steif schlagen, 50 g Zucker einrieseln lassen. Eigelbe mit restlichem Zucker verrühren. Eigelbmasse mit einem Holzlöffel unter den Eischnee ziehen, Mehl unterheben.

3 Pro Omelett je 1 TL Butter in der Pfanne zerlassen. Ein Viertel des Teiges hineingeben und etwa 3 Min. bei schwacher Hitze backen. Die übrigen Omeletts ebenso zubereiten.

4 Omeletts auf vorgewärmte Teller gleiten lassen. Die Erdbeeren auf die eine Hälfte der Omeletts verteilen, die andere Hälfte darüber klappen. Omeletts mit Puderzucker bestäuben und servieren. Mit Minze garnieren.

**TIPP:** 200 g Sahne steif schlagen, 1 TL Limettensaft und -schale unterrühren. Sahne mit den Erdbeeren auf die Omeletts häufen (nicht zusammenklappen) und servieren.
**VARIANTE:** Butter zerlassen, vorbereitete Eimasse hineingeben und etwa 3 Min. backen. Das Omelett auf der mittleren Schiene des Backofens bei 225° in 2–3 Min. fertig backen. Früchte oder Beeren nach Wahl auf das Omelett geben und zusammenklappen.

# SCHNEE-EIER MIT VANILLESAUCE

➤ **himmlisch zart**

... und immer eine Sünde wert

*Zutaten für 4 Personen:*

***Für die Vanillesauce:***

*1 Vanilleschote*

*3/8 l Milch • 3 Eigelbe*

*80 g Zucker • 200 g Sahne*

***Für die Schnee-Eier:***

*1 EL Zitronensaft*

*3 Eiweiß*

*50 g Zucker*

ZUBEREITUNGSZEIT: 50 MIN.
PRO PORTION ETWA: 1775 KJ/425 KCAL

1 Die Vanilleschote längs aufschlitzen und das Mark herauskratzen. Vanilleschote und -mark mit Milch in einem Topf erhitzen. Vanilleschote entfernen.

2 In einem Topf Wasser zum Kochen bringen. Die Eigelbe mit Zucker in einem Töpfchen über dem heißen Wasserbad verrühren. Die heiße Vanillemilch unter Rühren dazugießen und rühren, bis die Masse dickcremig ist. Die Schüssel in Eiswasser stellen, ab und zu umrühren und erkalten lassen.

3 In einem breiten Topf reichlich Wasser mit Zitronensaft erhitzen. Eiweiße steif schlagen, den Zucker einrieseln lassen. Die Masse schlagen, bis sie glänzend und schnittfest ist.

4 Von der Eiweißmasse mit zwei nassen Esslöffeln Nocken abstechen und in das siedende Wasser gleiten lassen. 2 Min. darin ziehen lassen, einmal vorsichtig wenden. Schnee-Eier mit einer Schaumkelle herausheben und etwas abkühlen lassen.

5 Die Sahne halbsteif schlagen und unter die Vanillesauce ziehen, mit den Schnee-Eiern auf Desserttellern anrichten.

! **TIPP:** Zuckerfäden: 40 g Zucker mit 1 EL Wasser zu goldbraunem Karamell kochen. Kurz abkühlen lassen, mit einer Gabel feine Fäden hochziehen und über die Schnee-Eier spinnen.
**VARIANTE:** 3 Eiweiße mit 60 g Zucker schnittfest schlagen. 1/2 l Milch mit aufgeschlitzter Vanilleschote erhitzen. Mit einem Teelöffel Eischnee-Nocken abstechen und in der heißen Milch in 2 Min. gar ziehen lassen. Für die Sauce 1 Päckchen Vanille-Saucenpulver mit 2 EL Milch verrühren und in die heiße Vanillemilch rühren. 200 g Sahne halbsteif schlagen und unter die Vanillesauce ziehen.

# ZITRONENSOUFFLÉ

➤ **für Gäste**

Ein besonderes Dessert, das leicht gelingt

*Zutaten für 4 Personen:*

- *40 g Zitronat*
- *1 unbehandelte Zitrone*
- *3 Eier*
- *80 g Zucker*
- *200 g Sahnequark*
- *2 EL Speisestärke*
- *etwas Puderzucker*
- *Außerdem:*
- *4 feuerfeste Förmchen (1/8 l Inhalt)*
- *1 EL Butter und 1 Päckchen Vanillezucker für die Förmchen*

ZUBEREITUNGSZEIT: 30 MIN.
BACKZEIT: 15 MIN.
PRO PORTION ETWA: 1270 KJ/300 KCAL

1 Den Backofen auf 200° vorheizen. Die Förmchen einfetten und mit Vanillezucker ausstreuen.

2 Das Zitronat ganz fein würfeln. Die Zitrone waschen und trockenreiben. Die Schale abreiben, den Saft auspressen. Saft und Schale mit Zitronat vermischen.

3 Die Eier trennen. Dazu die Eier jeweils in der Mitte an einer scharfen Kante anschlagen und in zwei Teile brechen. Eigelb von einer Schalenhälfte in die andere gleiten lassen, dabei das Eiweiß in einem fettfreien Gefäß auffangen. Eiweiße steif schlagen, 50 g Zucker einrieseln lassen. Eigelbe mit übrigem Zucker und Quark cremig schlagen. Speisestärke unterrühren. Zitronat und Eischnee locker unterheben.

4 Ein tiefes Backblech oder eine Form zu zwei Dritteln mit Wasser füllen. Die Soufflémasse in die Förmchen füllen und in das Wasserbad stellen. Im Backofen (unten, Umluft 180°) in 15 Min. goldbraun backen. Herausnehmen, mit Puderzucker bestäuben und noch warm servieren.

! **TIPP:** 300 g Aprikosen aus der Dose klein würfeln und mit 1 EL Zitronensaft und 1 EL Honig fein pürieren. Das Soufflé stürzen und mit Aprikosensauce servieren.

*Impressum*



➤ *Die Temperaturangaben* bei Gasherden variieren von Hersteller zu Hersteller. Welche Stufe Ihres Herdes der jeweils angegebenen Temperatur entspricht, entnehmen Sie bitte der Gebrauchsanweisung. Bei Elektroherden können die Backzeiten je nach Herd variieren.

*Programmleitung:* Doris Birk
*Leitende Redakteurin:* Birgit Rademacker
*Redaktion:* Sigrid Burghard
*Lektorat:* Linde Wiesner
*Umschlag- und Innenlayout:* independent Medien-Design
*Fotos:* FoodPhotography Eising / Martina Görlach
*Foodstyling:* Michael Koch
*Herstellung:* Bettina Häfele
*Satz:* EDV-Fotosatz Huber / Verlagsservice G. Pfeifer, Germering
*XML-strukturiert*
*Reproduktionen:* Penta Repro München
*Druck und Bindung:* Alcione
ISBN: 3-7742-6327-2

Auflage: 4. 3. 2. 1.
Jahr: 2007 2006 2005 2004

GRÄFE UND UNZER

*Ein Unternehmen der*
GANSKE VERLAGSGRUPPE